AF377708

1936-1939
SPANISH CIVIL WAR

AUTORE

Gabriele Malavoglia è nato a Milano nel 1989. Compiuti gli studi liceali, si trasferisce in Spagna per seguire il suo percorso universitario, rimanendo in terra iberica dopo il conseguimento della laurea. Appassionato sin da ragazzo di Storia Militare italiana e spagnola, è uno studioso autodidatta e sta muovendo i primi passi nel campo dell'editorialistica. Vive a Saragozza e lavora come consulente logistico per alcune aziende locali.

Titolo: **CARRI ARMATI DELLA GUERRA CIVILE SPAGNOLA** Code.: **WTW-038 IT** Di Gabriele Malavoglia
ISBN code: 978-88-93279000 prima edizione Novembre 2022
Lingua: Italiano Nr. di immagini: 157 dimensione: 177,8x254mm Cover & Art Design: Luca S. Cristini

WITNESS TO WAR (SOLDIERSHOP) is a trademark of Luca Cristini Editore, via Orio, 35/4 - 24050 Zanica (BG) ITALY.

WITNESS TO WAR

CARRI ARMATI DELLA GUERRA CIVILE SPAGNOLA

I REPARTI CORAZZATI

PHOTOS & IMAGES FROM WORLD WARTIME ARCHIVES

GABRIELE MALAVOGLIA

INDICE

▲ Un carro armato Schneider CA-1 spagnolo, fotografato durante la Guerra del Rif (1921 – 1926), che fu il battesimo del fuoco dei reparti corazzati iberici.

INTRODUZIONE

I PRODROMI DELLA GUERRA CIVILE SPAGNOLA

In Spagna, dopo la cacciata del dittatore Miguel Primo de Rivera nel 1930, i repubblicani radicali presero il potere nel 1931, costringendo il re Alfonso XIII a lasciare il paese, dichiarando costituita la Repubblica. Le tensioni sociali, politiche ed economiche che si erano create, si acuirono a causa di tentativi di estremizzazione del liberalismo (da parte dei centristi) e del socialismo (da parte della sinistra), che provocarono la nascita di una destra reazionaria.

Le fazioni repubblicane di sinistra, pur sostenendo la comune causa della Repubblica, non erano realmente unite a causa di profonde differenze ideologiche significative, così come erano divise dagli altri partiti repubblicani centristi. L'uso del termine "Repubblicano" durante la Guerra Civile, di fatto, non denotò, al di là della lotta contro i Nazionalisti, una reale unità ideologica.

La destra era composta da monarchici, fascisti, cattolici e conservatori, che, sebbene non si identificassero come una forza politica unita, si coalizzarono strettamente a causa della repressione dei Repubblicani e giunsero allo scoppio della guerra più forti.

L'unità della Repubblica era messa a dura prova anche dai movimenti separatisti in Catalogna e nei paesi Baschi; in quest'ultima regione era molto potente il movimento di sinistra, in particolar modo il sindacato del CNT (Confederacion Nacional de Trabajo) e gli anarchici della FAI (Federaciôn Anarquista ibérica).

Le tensioni tra le fazioni dei Repubblicani crebbero costantemente, causando il fallimento del progetto di modernizzazione del Paese, fatto che causò malcontento in buona parte della società spagnola, che portò a sua volta alla vittoria della coalizione di centro-destra alle elezioni del 1933. I Repubblicani e la sinistra si rifiutarono di accettare il risultato. Le elezioni del 1933 ebbero rilevanti ricadute sia in ambito militare (l'esercito fu praticamente epurato dai Repubblicani), economico (riduzione dei salari degli agricoltori) e, di conseguenza, sociale (basti ricordare lo sciopero dei minatori nelle Asturie nel 1934, represso nel sangue da Francisco Franco, che causò la morte di almeno 1.700 minatori morti e l'arresto di un numero di persone che oscilla tra i 15.000 ed i 30.000). Nuove elezioni all'inizio del 1936 furono indette dopo il crollo del Governo, che diedero nuovamente la maggioranza ai Repubblicani, mentre le tensioni all'interno del Paese erano ormai incontrollabili.

La Spagna prende fuoco

La guerra civile scoppiò nel luglio 1936, ma la pianificazione era durata per lunghi mesi, con la speranza di un rapido rovesciamento dell'instabile governo repubblicano. Scoppiò un colpo di stato nei territori spagnoli del Marocco ed in alcune città della Spagna meridionale, ma la speranza di una rapida risoluzione della rivolta svanì in fretta. Da un alto i Nazionalisti non riuscirono a conquistare molto terreno, al di là della parte meridionale del Paese, dall'altra in Repubblicani reagirono e si organizzarono con estrema lentezza.

I nazionalisti ricevettero il pieno appoggio dei fascisti in Italia e dei nazisti in Germania, mentre i repubblicani, a causa della mancanza di armi, munizioni ed organizzazione logistica, si trovavano in difficoltà a difendersi dall'avanzata delle forze ribelli.

Entrano in gioco i carri armati

La Guerra Civile Spagnola fu il primo conflitto a vedere veri scontri tra carri armati, impiegati da entrambi le parti in causa (in realtà, nello stesso periodo, l'Italia stava combattendo in Etiopia, impiegando un buon numero di mezzi corazzati, ma lo scontro si sviluppava contro un nemico che era del tutto privo di carri armati).

Facciamo un passo indietro per analizzare lo sviluppo dell'Arma corazzata in Spagna.

Il primo carro armato acquisito dalla Spagna di Alfonso XIII fu un Renault FT-17, che arrivò a

Madrid il 23 giugno 1919. Il veicolo fu sottoposto a una serie di test presso la Scuola Centrale d'Artiglieria Carabanchel a Madrid, esperimenti che portarono alla sostituzione dell'armamento originale con una mitragliatrice da 7 mm. I carri FT-17 acquistati, insieme ad una mezza dozzina di carri armati d'assalto Schneider CA-1,formarono l'ossatura delle nascenti unità corazzate dell'Esercito spagnolo. Il battesimo del fuoco dei carri armati spagnoli si ebbe in Marocco durante la Guerra del Rif e fu alquanto disastroso: durante la battaglia di Anoual, infatti, nel luglio 1921 gli spagnoli avevano perso più di 12.000 uomini. Furono di conseguenza avviati dei programmi di modernizzazione, che portarono alla creazione della Compagnia Carri d'assalto composta da undici carri armati FT-17 il 17 dicembre 1921. Il 9 marzo 1922 fu ufficialmente creata la prima unità di carri armati dell'Esercito Spagnolo per rispondere alla richiesta dello Stato Maggiore di aumentare la potenza di fuoco delle unità impegnate nella guerra del Rif. Il reparto conobbe il suo battesimo del fuoco il 14 marzo 1922, due giorni dopo il loro sbarco in Marocco, dimostrandosi valido supporto durante le operazioni svolte dalla fanteria spagnola; pochi anni dopo questi carri parteciparono alla prima operazione anfibia sbarcando ad Al Hoceima il 9 settembre 1925. La guerra del Rif fu per le forze spagnole il teatro della prima proiezione esterna di veicoli corazzati.

A partire dal 1923, l'Esercito acquisì altri Renault FT-17 e Schneider CA-1; fu acquistato anche un carro armato italiano Fiat 3000-A, con lo scopo di valutarne le prestazioni e si iniziò lo studio di un carro armato di produzione nazionale, il Trubia, fabbricato nello stabilimento dell'omonima città asturiana. Questo carro armato era superiore ai pari classe francesi, per armamento e per prestazioni motoristiche, ma l'industria spagnola non fu in grado di produrlo in serie. Vi era però ampia disponibilità di autocarri protetti, veicoli blindati di notevoli dimensioni (quasi 6 metri di lunghezza, 4 di altezza e più di 2 larghezza), penalizzati da un peso eccessivo (circa 6.000 chilogrammi) e da un baricentro abbastanza alto, che aumentava il rischio di ribaltamento in battaglia.

All'inizio della Guerra Civile, l'Esercito spagnolo disponeva di un totale di 15 FT-17, di un unico Fiat 3000-A, di 6 carri armati d'assalto Schneider CA1, 4 carri Trubia, 2 carri Landesa e 46 autoblindo Bilbao. Da lì a poco, la Spagna diventò il campo di prova per la guerra moderna tra mezzi corazzati, ma non per i carri armati esistenti, ma per quelli inviati all'Italia, dalla Germania e dalla Russia. L'utilizzo di carri armati durante la Guerra Civile lasciò intravedere soltanto alcuni di quegli aspetti che poi avrebbero reso le forze corazzate uno degli elementi decisivi sul campo di battaglia durante la Seconda guerra mondiale. In Spagna si scontrarono, infatti, non solo le diverse tecnologie e concezioni dei mezzi corazzati, ma anche le diverse scuole di pensiero dell'epoca: quella di Fuller e Liddell Hart della Gran Bretagna, quella del maresciallo sovietico Tukhachesvkii e quella della "Guerra Lampo" del colonnello tedesco Guderian. Anche se parteciparono attivamente al conflitto spagnolo, per i Carristi italiani furono molto diverse le esperienze vissute, rispetto a quelle degli omologhi degli altri Paesi, soprattutto perché i reparti corazzati italiani furono sempre impiegati in maniera estremamente frazionata, come sostegno alle operazioni di Fanteria.

Nel complesso, i carri armati italiani e quelli tedeschi dimostrarono tutta la loro limitatezza nei confronti dei corazzati sovietici in quanto a potenza di fuoco. Ma se da un lato i tedeschi potevano fare affidamento alle loro munizioni perforanti speciali da 7,92mm, i Carristi italiani dovettero affidarsi ai carri veloci lanciafiamme in combattimenti ravvicinati e pericolosissimi, per poter sperare di venire a capo dei carri armati di produzione sovietica.

▲ Un plotone di carri armati FT-17 delle forze armate Repubblicane nei primi giorni di guerra in Spagna.

REPARTI CORAZZATI NAZIONALISTI

REPARTI CORAZZATI SPAGNOLI

Quasi tutto il materiale corazzato disponibile in Spagna allo scoppio della Guerra Civile finì nelle mani delle truppe Repubblicane, ad eccezione di 6 carri armati Renault FT17 (5 secondo altre fonti) del Regimiento Ligero de Carros de Combate n°2 di Saragozza, di 2 Schneider CA1, di 3 carri Trubia di Oviedo e 5 autoblindo Bilbao.

I carri armati Renault del Reggimento di Saragozza si unirono inizialmente alla cosiddetta "Colonna Mobile" o "Colonna Blasco" organizzata dal generale Cabanillas per sostenere le posizioni nazionali intorno a Saragozza, andando distrutti in combattimento nei mesi successivi. La Compagnia di carri di fatto di sciolse a fine luglio, quando 3 carri armati furono riportati a Saragozza, mentre una sezione di 2 carri armati fu inviata a Somosierra, dove combatterono contro unità corazzate nemiche.

Con i numerosi FT17 catturati durante la campagna del Nord, i Nazionalisti formarono nel febbraio 1937 la 6ª Compagnia del Batallón de Carros de Combate, che praticamente non fu mai impiegata in combattimento; nel marzo 1938 fu riequipaggiata con T-26B ed i carri FT-17 furono inviati alla Escuela de Carros.

Nel settembre del 1936, nei pressi di Cáceres, fu costituita la Base de Carros del Ejército Nacional, alla quale furono assegnati i consiglieri e gli istruttori tedeschi del Panzergruppe "Thoma". Il Panzergruppe aveva infatti solo compiti addestrativi ed i tedeschi trasformarono il Regimiento de Infanteria Argel n°37 nel 1° Battallon da Carros de Combate, articolato su:

- 1ª Compagnia con 16 carri armati (3 Sezioni ciascuna coi 5 carri armati più 1 carro comando)
- 2ª Compagnia con 16 carri armati (3 Sezioni ciascuna coi 5 carri armati più 1 carro comando)
- 3ª Compagnia con 16 carri armati (3 Sezioni ciascuna coi 5 carri armati più 1 carro comando), costituita nel mese di novembre con i Panzer I B appena arrivati dalla Germania
- Compagnia Cannoni Anticarro (2 Sezioni di 4 Pak 35/37 da 37 mm, trainati da trattori Krupp L-2 H43 Protze)
- Compagnia trasporti
- Officina

Aveva sede a Cubas de la Sagra, nei pressi di Madrid.

Con autoblindo Bilbao catturate ai Repubblicani a Toledo nel settembre del 1936, alla fine del mese fu creata la "Compañía de Carros Blindados" su due Sezioni, che, fino al 1937, funse da reparto di addestramento per i militari spagnoli destinati alle truppe corazzate, includendo anche 5 Bilbao modificate con lanciafiamme al posto della mitragliatrice, chiamate Bilbao "Lanzallamas". Questa Compagnia fu inviata anche a Madrid, a sostegno delle colonne che stavano assediando la capitale. Due Bilbao "Lanzallamas" furono lasciate presso il castello di Las Arguijuelas, dove si trovava la prima base del distaccamento corazzato della Legione Condor in Spagna; mentre le altre tre "Lanzallamas" furono inviate al fronte di Talavera il 26 ottobre 1936.

Nell'agosto 1937 una nuova spedizione di 30 Panzer I A consentì di sostituire le perdite e creare la 4ª Compagnia Carri. Successivamente il Battaglione fu riorganizzato come Battaglione Misto su:

- 4 Compagnie equipaggiate con "Negrillos"
- 1 Compagnia armata con carri sovietici di preda bellica
- 1 Compagnia Controcarro Motorizzata
- 1 Compagnia Logistica

Il 1° ottobre 1937, il Battaglione fu suddiviso in due Gruppi, ciascuno equipaggiato con un carro comando, 2 Compagnie di carri armati Panzer I e una Compagnia di carri armati T-26B (le due Compagnie armate con carri russi erano la 5ª e la 6ª).

Il 1° marzo 1938, il Battaglione Carri entrò a far parte della Legión, con la denominazione di "Bandera de Carros de Combate de la Legión", mantenendo la stessa struttura, con l'aggiunta di una 7ª Compagnia, equipaggiata con Renault FT-17, avente funzioni addestrative.

Nell'ottobre 1938 la Bandera fu ribattezzata Agrupación de Carros de Combate de la Legión, strutturata su 2 Battaglioni: il primo su 3 Compagnie (chiamato dagli spagnoli "1° Grupo de la Bandera de Carros de Combate"), mentre il secondo ("2° Grupo de la Bandera de Carros de Combate") su 2 Compagnie (diventate 3 nel gennaio 1939 con l'inserimento di una Compagnia di T-26B). Ogni Compagnia, dotata sia di carri tedeschi che sovietici e perciò chiamate "Negrillos y Russos", era così formata:

- Plotone Comando (1 carro Panzer I, 2 motociclette, 1 autocarro leggero)
- 1° Plotone (1 carro T-26B, 4 carri Panzer I)
- 2° Plotone (1 carro T-26B, 4 carri Panzer I)
- 3° Plotone (1 carro T-26B, 4 carri Panzer I poi, dal 1938, 5 carri armati T-26B e nessun carro tedesco)

La Agrupación de Carros de Combate dell'Esercito del Sud, costituita all'inizio del 1937 per essere equipaggiata esclusivamente con materiale corazzato catturato dal nemico, formò nel dicembre dello stesso anno una Sezione di carri armati FT-17, con carri catturati al Nord, mezzi che furono però gradualmente ritirati dalla linea del fronte. Alla fine della guerra l'organigramma della Agrupación de Carros de Combate del Ejército del Sur era il seguente:

- Comando
- Gruppo Carri Armati
    - 2 Compagnie Carri armati russi (con 9 T-26B ciascuna)
    - 1 Sezione Carri armati FT-17 (Renault FT-17)
    - 1 Compagnia "Negeillos" (aggiunta temporaneamente, con 11 Panzer I A)
- 1° Gruppo di Autoblindo
    - 1 Squadrone Pesante (2 FA-1 e 8 BA-6)
    - 2 Squadroni Leggeri (2 FA-1 e 8 UNL-35 ciascuno)
- 2° Gruppo di Autoblindo:
    - 1 Squadrone Pesante (2 FA-1 e 8 BA-6)
    - 2 Squadroni Leggeri (2 FA-1 e 8 UNL-35 ciascuno)
- Officina

L'unità disponeva di alcuni veicoli blindati di altro tipo (1 BT-5, 1 Hispano Suiza con torretta T-26B e altri veicoli blindati non identificati) e altri veicoli (1 trattore "Sadurní de Noya", 1 trattore KhPZ Komintern, eccetera). Alla fine del 1938 fu costituita anche la 2ª Agrupación de Carros de Combate, assegnata all'Esercito del Sud ed anch'essa equipaggiata interamente con materiale catturato dal nemico. Era strutturata su:

- Comando
- Compagnia Carri armati (su 10 carri T-26B e 3 autoblindo Bilbao)
- Sezione Autoblindo leggere (su 9 UNL-35 e 2 Bilbao)
- 1° Squadrone Autoblindo (su 8 BA-6 e 3 FA-1)
- 2° Squadrone Autoblindo (su 9 BA-6 e 4 FA-1)

▲ Il tenente Tamariz guida la sua Compagnia di 5 carri leggeri di fornitura italiana entrando a San Sebastian il 15 settembre 1936. Sullo sfondo della fotografia, scattata sulla Calle Loyola, si vede la cattedrale del Buon Pastore (Tallillo).

▼ Per identificare i carri di preda bellica catturati dai Nazionalisti venivano apposti sulle torrette i colori della bandiera spagnola.

▲ Un'autoblinda AAC-1937, copia della BA-6 russa ma di produzione spagnola, ed un T-26 della fazione Nazionalista, entrambi colpiti e bloccati dal fuoco nemico, in una località sconosciuta della Spagna; la blindo ha la torretta di un carro T-26 (Crippa).

▼ Un T-26 catturato ed un Panzer I impiegato da militari Nazionalisti.

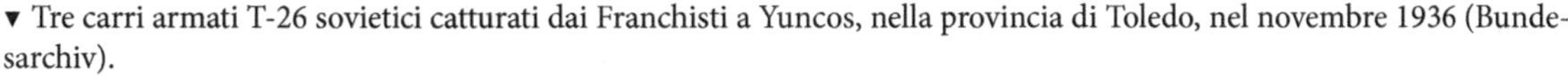

▲ Sulla torretta di questo BT-5 catturato ai Repubblicani è stata dipinta una grande bandiera spagnola, per renderlo riconoscibile come "amico" alle truppe franchiste.

▼ Tre carri armati T-26 sovietici catturati dai Franchisti a Yuncos, nella provincia di Toledo, nel novembre 1936 (Bundesarchiv).

▲Un T-26 Repubblicano bloccato dal fuoco nemico, circondato da soldati fedeli a Franco: questo carro, una volta riparato, verrà impiegato dai Nazionalisti contro i vecchi proprietari.

▼ Truppe nazionaliste spagnole e marocchine con un carro armato Repubblicano T-26 danneggiato catturato a Torrejón de Velasco, vicino a Madrid, durante la battaglia di Seseña, alla fine di ottobre del 1936.

▲ Anche sui T-26 catturati dai Franchisti venivano apposti vistosi contrassegni Nazionalisti, per evitare che venissero colpiti da fuoco amico. In particolare, si nota la bandiera spagnola ed il simbolo del Tercio (Tallillo).

▼ Una folla di curiosi osserva questo T-26 catturato ed esposto come preda bellica su Plaza de las Tendillas a Cordova nel giorno di Natale del 1936.

▲ Un reparto corazzato nazionalista misto, composto da carri T-26 di preda bellica, da un Befelhlswagen I (carro comando) e da carri Panzer I di fornitura tedesca a Cubas de la Sagra, nei dintorni di Madrid, nel gennaio del 1939.

▼ Un T26 con i colori nazionalisti in torretta durante la pausa di un combattimento.

▲ Convoglio nazionalista di un carro armato T-26 di fabbricazione russa catturato e un Panzer I nella zona della Comunità Valenciana di Castellón nel maggio 1938.

▼ Un sacerdote benedice un carro armato Franchista prima di entrare in combattimento.

▲ Sulla torretta di questo BT-5 catturato ai Repubblicani è stata dipinta una grande bandiera spagnola, per renderlo riconoscibile come "amico" alle truppe franchiste.

▼ Soldati nazionali e regolari esaminano un T-26B repubblicano di produzione sovietica appena catturato. Foto scattata sul fronte di Madrid, a metà del 1937.

▲ Un deposito di carri armati russo catturati ai Repubblicani (la maggior parte sono dei T-26), che sfoggiano le insegne Nazionaliste (Biblioteca Digitale Ispanica - CC BY-NC-SA).

▼ Un T-26B sfila in una città spagnola, condotto da militari fedeli a Francisco Franco.

▲ Esposizione di mezzi corazzati ed armamenti catturati dai Franchisti ai Repubblicani: sono presenti anche un carro armato T-26 ed un carro BT-5 (Tallillo).

▼ Primo piano del carro T-26 della fotografia precedente (Tallillo).

▲ Carri T-26 di produzione sovietica sfilano in una cittadina spagnola al termine della sanguinosa Guerra civile (Tallillo).

▼ Al termine della Guerra civile spagnola i carri armati sopravvissuti al conflitto furono integrati nei reparti del ricostituito esercito spagnolo, rimanendo in linea fino agli anni '50 (Tallillo).

▲ Queste autoblindo BA-6, fotografate nel 1950, finirono i loro giorni con l'Esercito spagnolo a Sidi Ifni, in Marocco.

▼ Un T-26 di quelli utilizzati durante la Guerra civile spagnola è sopravvissuto fino ai giorni nostri ed è conservato nel Museo El Goloso di Madrid. Il mezzo, che qui appare con una colorazione fantasiosa, è stato recentemente oggetto di restauro ed ha ricevuto una mimetica filologicamente consona al periodo d'impiego.

REPARTI CORAZZATI ITALIANI

Le unità corazzate italiane facevano inizialmente parte dell'Esercito Nazionale spagnolo, ma confluirono successivamente nel Corpo Truppe Volontarie italiano.

I primi 5 carri d'assalto CV33/35 arrivarono al porto di Vigo nell'agosto del 1936, accompagnati da istruttori e specialisti italiani, che si unirono al Gruppi Informazione Artiglieria (GIA) n. 3 con sede a Valladolid, formando una piccola unità di carri armati denominata Grupo de Carros de Combate (in realtà poco più di una Sezione), con equipaggi spagnoli e tecnici e istruttori italiani. Il "Gruppo" era così organizzato:

- Comando (1 carro comando)
- Sezione carri (4 carri armati)
- Sezione autoveicoli
- Sezione supporto
- Squadra di riparazione

Con l'arrivo di altri 10 carri armati dall'Italia, fu costituito il Gruppo Italo-Spagnolo Carri e Artiglieria, integrato nella Legione Straniera Spagnola. La 1ª Compagnia Carri Armati era organizzata su:

- 3 Plotoni (4 carri armati ciascuno)
- 1 Plotone carri armati lanciafiamme (2 o 3 mezzi)

La Compagnia partecipò all'avanzata su Madrid, distinguendosi nei combattimenti intorno a Navalcarnero il 21 ottobre e per questo motivo fu denominata "Compañía Navalcarnero".

Con l'arrivo di altre forniture di carri CV33/35 fu costituita una seconda Compagnia ed il 22 dicembre 1936 le due Compagnie Carri furono trasferite nel Corpo Truppe Volontarie; nel successivo mese di gennaio presero parte alla Battaglia di Malaga.

L'11 febbraio 1937 fu creato il Raggruppamento Carri d'assalto e Autoblindo, su 5 Compagnie Carri, che confluì pochi giorni dopo nel Raggruppamento Reparti Specializzati, così organizzato:

- Comando
- Battaglione Carri su 4 Compagnie (ciascuna di 1 carro armato di comando e 3 Sezioni con 4 carri armati)
- Compagnia Autoblindo (8 Lancia 1Z e 1ZM)
- Compagnia Motomitraglieri (3 Sezioni di 3 Squadre di 3 motocicli)
- Compagnia Lanciafiamme
- Batteria Anticarro da 47/32

Nell'ottobre 1937 il Raggruppamento Reparti Speciali fu riorganizzato come Raggruppamento Carristi:

- 2 Battaglioni Carri (ciascuno su 2 Compagnie di 13 carri armati)
- Compagnia Motomitraglieri
- Compagnia Autoblindo
- Compagnia Lanciafiamme e Chimica
- Compagnia Controcarro
- Compagnia Antiaerea
- Compagnia Genio

Comandante fu il colonnello Valentino Babini.

La Compagnia Autoblindo, a causa dell'esiguo numero e di Lancia ricevute e dell'obsolescenza delle stesse, impiegò mezzi corazzati catturati dal nemico, arrivando ad allineare 6 Lancia 1ZM, 1 BA-6 e 2 UNL-35. Allo stesso modo, nel Battaglione Carri furono incorporati mezzi catturati, che andarono a formare una Sezione di 5 T-26B, che fu utilizzata sul fronte aragonese; 2 di quei carri armati, persi in combattimento, furono sostituiti da 2 BT-5.

Nell'autunno del 1938 il Raggruppamento Carristi raggiunse la seguente struttura, che mantenne fino alla fine della Guerra Civile Spagnola:

- Compagnia Comando
    - o   Compagnia Carri lanciafiamme
- 1° Battaglione Carri d'Assalto
- 2° Battaglione Carri d'Assalto
- 3° Battaglione Motomeccanizzato
    - o   Compagnia Bersaglieri
    - o   Compagnia Motomitraglieri
    - o   Compagnia Autoblindo
- 4° Battaglione Misto
    - o   Compagnia Lanciafiamme e Chimica
    - o   Batteria Controcarro mista
    - o   Compagnia Antiaerea
    - o   Compagnia Arditi
- Agrupacion Spagnola
    - o   Compagnia Comando
    - o   Compagnia Carri
- Centro Riparazioni e Recuperi
    - o   2 Plotoni carri di riserva.

Purtroppo, nemmeno nel momento di massimo sviluppo del Raggruppamento Carristi, le unità corazzate italiane ebbero mai l'occasione per dimostrare la loro efficacia come unità corazzata organica e moderna: i Battaglioni di carri veloci furono impiegate quasi esclusivamente come supporto alla fanteria, venendo frazionati tra le diverse Divisioni del Corpo Truppe Volontarie.

▲ Militari del Raggruppamento Carristi italiano in Spagna davanti da un carro CV35.

▲ Carri armati italiani durante la Battaglia di Guadalajara: il primo è un CV Lanciafiamme (BA).

▼ Soldati repubblicani posano intorno da un carro armato leggero italiano catturato durante gli scontri a Guadalajara.

▲ Autoblindo italiane Lancia 1ZM in una piazza di Malaga dopo l'occupazione della città da parte dei Nazionalisti; tutte le blindo sono dipinte in grigioverde.

▼ Un CV35 in marcia in una località collinare della Spagna. Sul mezzo sono presenti i simboli tattici adottati nella seconda metà del conflitto, che dovrebbero identificare il 2° carro dalla 4ª Compagnia.

▲ Carri armati italiani lungo il fiume Ebro (Benvenuti – Colonna).

▼ Plotone di carri d'assalto in sosta. I carristi adottano la tuta monopezzo turchina degli equipaggi dei carri armati, che sarà usata anche per tutta la Seconda guerra mondiale.

▲ Un carro CV35 ed un T-26 catturato e reimpiegato dal Raggruppamento Carristi in Spagna.

▼ CV33 in marcia: il capocarro mitragliere indossa il giaccone ed il casco di cuoio protettivi.

▲ Un reparto di Camicie Nere schierate in un pueblo assiste al passaggio di una colonna di carri d'assalto del Raggruppamento Carristi.

▼ Alcuni carri d'assalto vengono preparati per il trasporto su autocarro, per affrontare un lungo tragitto. I camion hanno la caratteristica mimetizzazione a chiazze adottata dai mezzi del Corpo Truppe Volontarie.

▲ Distintivo concesso ai militari del Raggruppamento Carristi, composto dal distintivo della Legione Straniera spagnola, caricata dalla sagoma di un carro leggero italiano CV. A destra: Autoblindo repubblicana di preda bellica, usata dal Raggruppamento Carristi.

▲ Autoblindo repubblicana di preda bellica, usata dal Raggruppamento Carristi.

▲ Plotone di carri leggeri schierato per una rivista. Il secondo blindato da destra è un CV Lanciafiamme.

▼ Una vetusta autoblindo Lancia 1ZM con la complessa mimetica a chiazze adottata dal Corpo Truppe Volontarie per tutti i mezzi ruotati, incluse le blindo dal Raggruppamento Carristi.

▲ Carristi del C.T.V. con un carro d'assalto CV33, recante ancora i vecchi simboli tattici adottati in Italia a partire dal 1935.

▼ Plotone di quattro autoblindo lancia 1ZM del Raggruppamento Carristi, tra cui una vettura comando con doppia torretta. Sebbene la fotografia renda poco, nell'originale si nota che sono tutte dipinte cono lo schema mimetico a chiazze peculiare del teatro spagnolo.

▲ Il maggiore carrista Paolo Lorenzo Paladini, comandante I Battaglione carri d'assalto del Corpo Truppe Volontarie, caduto a Muniesa l' 11 marzo 1938, mentre a piedi dirigeva l'azione dei suoi mezzi. Si distinse particolarmente durante la Guerra di Spagna e fu decorato con una Medaglia d'Oro, tre d'Argento, tre di Bronzo al Valor Militare e con la Croce Laureata di San Ferdinando spagnola.

▼ Un'autoblindo Ansaldo Lancia 1ZM alle porte di Málaga. Il mezzo sembra avere ancora una colorazione monocromatica grigioverde.

▲ Carri d'assalto italiani nei pressi di Santander: sul CV33 in primo piano si nota chiaramente la colorazione mimetica a chiazze, usata diffusamente sui carri leggeri in quegli anni.

▼ Carristi italiani circondati da una folla festante a Santander.

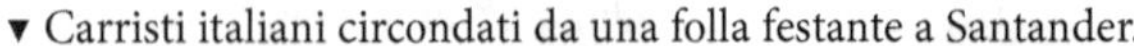

▲ Carri della 2ª Compagnia sfilano per le vie di Santander, subito dopo l'occupazione della città.

▼ Un carro veloce presidia una piazza di Santander al termine degli scontri che portarono all'occupazione della città.

▲ Le 5 autoblindo Lancia 1ZM ancora operative nel 1938 con il C.T.V.: due di esse mostrano evidenti danni alla carrozzeria.

▼ In questa foto, purtroppo di cattiva qualità, si nota lo stratagemma adottato per potenziare le difese controcarro dei fragili carri armati leggeri italiani: veniva messo al traino un cannone anticarro da 37 mm, che veniva posto in posizione di sparo alla bisogna dai componenti dell'equipaggio.

▲ Un'autoblindo FAI di produzione sovietica, catturata ed impiegata dal Corpo Truppe Volontarie (Tallillo),

▼ Anche alcune delle ottime blidno UNL-35, prodotte in Spagna, finirono nelle mani dei reparti del Corpo Truppe Volontarie. Nella foto una di queste macchine, catturata dalla Divisione "Frecce Nere": in torretta è stato dipinto un vistoso tricolore spagnolo e sulla casamatta è stato tracciato il motto della Divisione, " Agredir Para Vencer".

▲ Primo piano di una Lancia 1ZM, ancora dipinta in grigioverde. A destra: Una immagine che permette di apprezzare i simboli tattici dell'ultimo tipo, adottati durante la Guerra di Spagna: il semicerchio a profilo, sul lato della casamatta, con il numero 3, numero che veniva ripetuto anche sul retro della casamatta, ad indicare il numero del carro armato all'interno della Compagnia.

▲ Carristi italiani si preparano ad un'azione di fuoco.

▲ UNL-35 del Raggruppamento Carristi: sullo sfondo si vede un autocarro pesante del C.T.V., probabilmente un Lancia RO.

▼ Un CV33 privo di contrassegni (probabilmente si tratta di un carro di rimpiazzo) supera una colonna di soldati spagnoli Nazionalisti (Benvenuti – Colonna).

▲ Due autoblindo UNL-35 utilizzate dal Raggruppamento Carristi, è abbastanza evidente la particolare colorazione mimetica.

▼ Autoblinda AAC-1937, catturata e riutilizzata dagli italiani, probabilmente nei dintorni di Santander (Puddu).

▲ Un Carro d'Assalto radio, privo dell'antenna, sulla strada fra Aspa e Casteldans (Benvenuti – Colonna).

▼ Carri d'assalto del Raggruppamento Carristi in avvicinamento a Santander. I mezzi sono completamente ricoperti dalla polvere sollevata dalla marcia sulla strada sterrata, tanto che il colore della corazzatura è completamente mascherato (Puddu).

▲ Un'autoblindo AAC-1937 catturata al nemico e reimpiegata dal Corpo Truppe Volontarie, fotografata durante il passaggio di una colonna di mezzi logistici italiani. Il mezzo è seguito da una Lancia 1ZM (NARA).

▼ Carro d'Assalto con il fascio littorio sulla scudatura laterale della casamatta. Questo simbolo indicava il mezzo del Comandante di Battaglione (Puddu).

▲ Il Colonnello di Fanteria Carrista Valerio Babini, comandante del Raggruppamento Reparti Specializzati, prima, e del Raggruppamento Carristi, poi, dal 25 aprile 1937 fino al 30 settembre 1938 (Puddu).

▼ Carristi italiani rendono gli onori alla drappella del Raggruppamento Carristi. Il carro armato al centro dell'immagine è di un Comandante di Battaglione, poiché ha dipinto il fascio littorio ai lati della casamatta.

▲ Carri armati del Raggruppamento Carristi entrano in una cittadina. È interessante notare la numerazione presente sul carro in primo piano a destra della fotografia, mezzo che presenta una vistosa mimetica a piccole chiazze, tipica dei carri leggeri prodotti all'epoca. Il carro a sinistra, invece, porta il simbolo del Comandante di Battaglione (Puddu).

▼ Sfilamento dei Carri d'Assalto del Raggruppamento Carristi ad Alicante il 31 marzo 1939 (Crippa).

▲ Sezione di Carri d'Assalto del C.T.V. durante la rivista di Barcellona il 21 febbraio 1939 (Lopez).

▼ Un'altra immagine dei Carri d'Assalto del C.T.V. a Barcellona del 1939 (Crippa).

▲ Il 19 maggio 1939 si tenne un Grande Rivista a Madrid, con cui si celebrò la vittoria Nazionalista. Il Raggruppamento Carristi issò una doppia bandiera italiana e spagnola durante la Grande Rivista di Madrid (Benvenuti – Colonna).

REPARTI CORAZZATI TEDESCHI

La Germania costituì la Legione "Condor", composta da reparti di terra e d'aria, per sostenere le truppe di Francisco Franco. Le forze di terra tedesche formavano il "Gruppe Imker":

- Imker Stab, comando
- Imker Panzergruppe "Drone", gruppo corazzato
- Gruppe Wolm, gruppo di intercettazione radio
  - Imker Horch Kompanie
- Imker Ic, sezione di collegamento e informazioni con la Sede del Generalissimo
- Gruppe Imker Ausbilder, gruppo di istruttori nelle Accademie.

Il Panzergruppe "Drohne", comandato dall'Oberstleutnant Wilhelm von Thoma[1], era conosciuto anche come Gruppe "Thoma" ed era dotato di carri armati PzKpfw I Ausf. A e PzKpfw I Ausf. B, formato da 4 Compagnie (il Gruppo era denominato anche denominato Pz.Abt. 88), che presero parte ai combattimenti, e da un reparto di Flak, venivano impiegati sia per la difesa contraerea che per quella controcarro. L'unità ebbe prevalentemente compiti organizzativi ed addestrativi; come visto in precedenza, col materiale ceduto ai Nazionalisti vennero formati dapprima un Battaglione misto e, in seguito, un secondo. Entrambi i Battaglioni furono posti alle dipendenze del 2° Reggimento Carri Nazionalista. Per l'organizzazione dei reparti equipaggiati con carri armati tedeschi, si rimanda quindi al paragrafo "Reparti corazzati spagnoli", dove il tema è stato affrontato nel dettaglio.

Per quanto riguarda i mezzi corazzati, l'interesse dell'Alto Comando Tedesco in Spagna era orientato soprattutto a mettere in pratica ed a verificare le nuove teorie della Blitzkrieg (Guerra Lampo) e Von Thoma si impegnò utilizzando il Pz.Abt.88 a tale scopo, integrandone le fila con molti carri T-26 catturati al nemico. I tedeschi, infatti, stavano verificando l'inadeguatezza dei Panzer I come carri da sfondamento, esperienza che portò a rivedere l'utilizzo di questa famiglia di carri armati in chiave di sostegno alla fanteria, comando e ricognizione, mentre in Germania si mettevano in cantiere nuovi progetti di carri armati (Panzer II, III, IV).

---

1 Wilhelm Josef Ritter von Thoma (Dachau, 1 settembre 1891 – Söcking, 30 aprile 1948) fu posto a capo del Gruppo corazzato della Legione Condor con il grado di tenente colonnello. Grande conoscitore dei carri armati ed uno dei pionieri dell'arma corazzata dopo la Prima guerra mondiale, Von Thoma era un assiduo frequentatore delle zone di combattimento (per esempio, guidò personalmente un assalto armato a Madrid durante la battaglia per la conquista della città nel novembre 1936). In seguito, nel corso di un interrogatorio compiuto da militari americani al termine della Seconda guerra mondiale mentre era prigioniero, l'ufficiale affermò di aver partecipato direttamente a 192 azioni di guerra in Spagna. Dopo la fine della guerra, l'8 giugno 1939, von Thoma fu assegnato a Berlino come ufficiale di stato maggiore. Dal 1° agosto al 18 settembre 1939 fu trasferito al Comando del Reggimento Panzer 3 della 2ª Divisione Panzer e gli fu successivamente assegnata la guida del Reggimento stesso. Tra le sue decorazioni ne troviamo due molto curiose, che confermano che fu direttamente coinvolto in battaglia in terra spagnola, la Cruz Española e la Medalla Militar.

▲ La Germania contribuì alla causa Nazionalista fornendo 96 carri armati PzKpfw I Ausf. A, 21 PzKpfw I Ausf. B, 4 Befelhlswagen I (carro comando) ed 1 Panzer I privo di torretta per istruzione. Nella foto alcuni Panzer I appena arrivati in Spagna, colorati nel tipico feldgrau tedesco, ancora privi di qualunque segno identificativo.

▼ Un ufficiale ed un carrista del Panzergruppe "Drohne", ritratti davanti ad un Panzer I, a cui è stata applicata una bandiera spagnola, per identificarlo come mezzo Nazionalista.

▲ In un secondo momento ad alcuni carri tedeschi fu applicata una mimetica a chiazze marroni e, in alcuni casi, marroni e verdi.

▼ Panzer I impegnato in un percorso impervio. La colorazione in grigio panzer valse ai carri armati tedeschi il soprannome di "Negrilllos".

▲ Schieramento dei carri armati del Gruppe Imker della Legión Cóndor.

▲ Con il passare del tempo, anche sui carri armati di produzione tedesca apparvero, accanto alla bandiera di nazionalità, segni identificativi più complessi, indicanti la posizione del singolo carro nel reparto di appartenenza, ed il simbolo del Tercio, la Legione Straniera Spagnola.

▼ Carri armati tedeschi sul fronte di Madrid nel 1936.

▲ L'Oberstleutnant Wilhelm von Thoma (a destra), comandante del Panzergruppe "Drohne", passa in rassegna i suoi carristi insieme al Generalfeldmarschall der Artillerie Walther von Brauchitsch.

▲ Un Panzerbefehlswagen con le insegne Nazionaliste. Il carro, realizzato sullo scafo del carro leggero Panzer I Ausf. B., privo di torretta, fungeva da mezzo di comando per gli ufficiali carristi.

▼ Un'autoblinda BA-6 catturata (si noti sui portelli della torretta la croce di Sant'Andrea usata dai Nazionalisti) ed un Panzer I della 4 Compagnia del Panzergruppe "Drohne", fotografati ad Infiesto, nelle Asturie, il 1° ottobre 1937 (Bibliteca Nacional).

▲ Un Panzer I, apparentemente ancora privo di contrassegni spagnoli, nel cortile di un edificio duramente colpito da tiri d'artiglieria: intorno al carro soldati marocchini fedeli alla causa franchista.

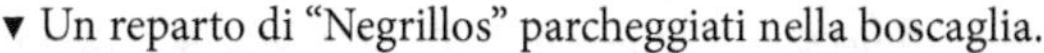

▲ Carristi del Panzergruppe "Drohne" schierati di fronte ad alcuni carri armati sovietici T-26 di preda bellica.

▼ Un reparto di "Negrillos" parcheggiati nella boscaglia.

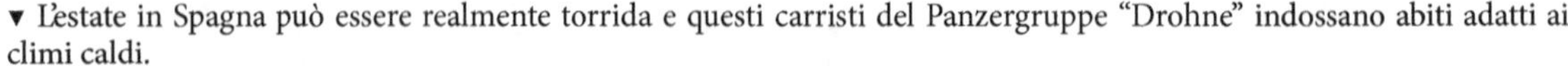

▲ Soldati Repubblicani osservano con curiosità questo Panzer I messo fuori combattimento da un colpo che ha centrato la casamatta sotto il visore del pilota.

▼ L'estate in Spagna può essere realmente torrida e questi carristi del Panzergruppe "Drohne" indossano abiti adatti ai climi caldi.

▲ Distintivo metallico da applicare al petto distribuito ai militari dal Panzergruppe "Drohne": si riconoscono elementi tipici della simbologia dei reparti corazzati tedeschi.

▼ Un gruppo di carri armati tedeschi parcheggiati in una radura. Da sinistra si riconoscono un Panzer I riarmato con mitragliera Breda 20 mm, un Panzerbefehlswagen (dipinto interamente in panzergrau) e due carri Panzer I.

▲ Sul cielo della casamatta, accanto al portello di accesso di questo Panzerbefehlswagen, è stata dipinta una vistosa Croce di Sant'Andrea, in modo che il mezzo possa essere riconosciuto anche dalla ricognizione aerea.

▼ Un reparto del Panzergruppe "Drohne" durante una pausa dai combattimenti: si vedono degli autocarri di appoggio logistico, un Panzer I riarmato con Breda da 20 mm ed un T-26 di preda bellica.

▲ Un Panzer I "Negrillo" viene caricato su di un autocarro per un trasferimento di lunga tratta.

▼ Nel corso del conflitto spagnolo, alcuni Panzer I furono riarmati con una mitragliatrice italiana Breda 20mm. In questa immagine un "Panzer I Breda" in carico alla 3 Compagnia: al centro della scudatura frontale si trova lo stemma del "Tercio de los Etranjeros", mentre non è chiaro il significato della lettera nera "E" al centro del rombo, probabilmente iniziale di "Especial", "Speciale" (Crippa).

▲ La bandiera della Legione Condor: all'angolo inferiore sinistro si nota il simbolo della Falange ed il drappo riporta i colori giallo e rosso della Spagna.

▼ Colonna di "Negrillos" in sosta in una cittadina spagnola.

▲ Rivista tedesca dedicata alle forze armate in Spagna. Reparti della Flak erano incorporati nel Panzergruppe "Drohne" con funzione controcarro e contraerea.

▼ In questo primo piano di questi due carristi del Panzergruppe "Drohne" si notano chiaramente le insegne adottate sul basco nero, adottato poi anche nel conflitto mondiale: il teschio (anche questo sarà comune agli equipaggi Panzer della Seconda guerra mondiale) e la svastica.

▲ Un gruppo di soldati tedeschi di fanteria si accalcano intorno ad una colonna corazzata germanica, aperta da un Panzer I, sul quale spicca il simbolo del Tercio, e da due T-26 catturati ai Repubblicani.

▼ Grazie alla ripresa da questa particolare angolazione, si vede chiaramente le modifiche apportate alla torretta di questo panzer I, in modo da rendere possibile l'installazione della mitragliatrice Breda da 20 mm.

▲ Soldati Nazionalisti, con una preda di guerra non convenzionale (un maiale) posano a bordo di un Panzer I armato con la Breda.

▼ Una colonna di carri armati del Panzergruppe "Drohne" entra in una città spagnola acclamata dalla folla: sul Panzerbefehlswagen è stata innalzata una grande bandiera nazionale.

▲ La colonna è composta, oltra al carro comando Panzerbefehlswagen, anche da almeno 4 carri armati Panzer I.

▼ Al termine della Guerra Civile si tennero numerose esposizioni del materiale bellico impiegato nel conflitto: in questa immagine un carro comando tedesco Panzerbefehlswagen (Tallillo).

▲ Un carro comando SdKfz 265 Panzerbefehlswagen sfila sulla via Discord di Barcellona durante la parata del 21 febbraio 1939 (Tallillo).

▲ Un Panzer I del ricostituito esercito spagnolo partecipa ad una parata nell'immediato dopoguerra, innalzando una bandiera con la croce di Sant'Andrea (Tallillo).

▼ Il Panzer I sopravvissuto alla Guerra Civile spagnola conservato presso il Museo de Unidades Acorazadas de El Goloso. Il Museo si trova all'interno dell'omonima base militare, a nord di Madrid, ed espone sia all'aperto che in capannoni, armanti pesanti utilizzati in entrambe le Guerre mondiali e nei decenni successivi.

REPARTI CORAZZATI REPUBBLICANI

Allo scoppiare della guerra civile nel 1936, aderirono alla causa repubblicana questi reparti corazzati:

- Regimiento Ligero de Carros de Combate n°1 (carri Renault FT17 ed FT18)
- Gruppo de Autometralladores – Cannon (autoblindo Bilbao)
- Escuela Central de Tiro de Carabanchel

Complessivamente la forza corazzata repubblicana iniziale ammontava quindi a 4 carri Schneider CA1, 9 carri Renault FT, 1 carro FIAT 3000A (presente alla Escuela Central de Tiro), 1 carro Trubia, 2 carri Landesa e 41 autoblindo Bilbao: quasi tutto il materiale corazzato spagnolo era di fatto finito in mano repubblicana. Gli Schneider CA1, furono impiegati durante l'assedio dell'Alcázar di Toledo e le prime difese della capitale Madrid.

Questo parco mezzi fu incrementato grazie all'arrivo dalla Francia di 3 carri Schneider, che attraversarono la frontiera catalana il 9 agosto 1936, e di alcuni carri FT17, inviati dalla Polonia via mare. Infatti, il 3 marzo 1937 arrivarono a Valencia dalla Polonia 16 carri FT-17, 9 armati di cannone SA.-18 di 37 mm e 7 con mitragliatrici, che andarono a formare una Compagnia nella 1ª Brigada Blindada. Nel 1938 gli FT-17 rimasti, probabilmente 13 esemplari, furono inquadrati nella "Agrupacion Renault", un reparto di fatto indipendente, ma che funzionalmente rispondeva alla 2ª Brigada Blindada, con sede presso la masseria la Maddalena di Alcalà de Henares. L'Agrupacion Renault era composta da:

- 1ª Sezione Carri Armati (carro comando e 3 carri), assegnata alla 4ª Divisione del II Corpo d'Armata, Villaverde, Madrid
- 2ª Sezione Carri Armati (carro comando e 3 carri), assegnata alla 7ª Divisione del II Corpo d'Armata, Settore di San Fernando de Henares
- 3ª Sezione Carri Armati (carro comando e 3 carri), assegnata alla 5ª Divisione del II Corpo d'Armata, settore Alto de la Carrascosa
- 4ª Sezione Carri Armati (carro comando e 3 carri), assegnata alla 5ª Divisione del II Corpo d'Armata, settore Cerro Alto.

A partire dal dicembre 1937, gli FT-17 repubblicani concentrati nell'Agrupacion Renault furono assegnati a diverse Divisioni fino alla fine della guerra, in particolare alle Divisioni 4ª, 5ª e 7ª, in 4 Sezioni di 3 carri armati, utilizzati per la difesa di posizioni fisse lungo un fronte sostanzialmente statico, senza mai partecipare ad operazioni degne di nota. Con l'arrivo dei carri sovietici T-26, gli FT-17 superstiti furono di fatto ritirati e parteciparono raramente a scontri armati.

I Repubblicani fecero anche uso di carri armati artigianali e di numerosissimi autocarri con blindature di circostanza, chiamati "Tiznaos", argomento che sarà trattato in un successivo volume.

Il 23 marzo 1937 fu formato il Battaglione Carri Leggeri "Euskadi", che comprendeva una Compagnia Trubia-Naval (carri armati prodotti a Sestao, nei Paesi Baschi) al comando del capitano Luis Basterretxea de Arendia; i carri erano numerati 7, 8, 9, 11 e 13 e furono consegnati agli equipaggi il 29 marzo. Il successivo 5 aprile il comandante del Battaglione, capitano Carlos Tenorio Cabanillas, stese una infuocata relazione, evidenziando numerose mancanze di questo carro armato (scarsa potenza del motore, insufficiente aderenza del cingolo al terreno, fragilità della frizione, altezza ridotta dei parafanghi da terra, scomodità dell'angusta camera di combattimento). Nello stesso giorno un Trubia-Naval sulla strada Urquiola distrusse un "tiznao" Nazionalista, conquistando una collina difesa dalla Legione Condor. Il 7 aprile il Trubia-Naval numero 12 andò perso in un combattimento contro i Nazionalisti; il 27, a causa dell'avanzata Nazionalista, la Compagnia Trubia-Naval si ritirò a Durango/Yurreta, a 26 km da Bilbao, dove fu rinforzata con alcune autoblindo BA-6. Per tutto maggio, i Trubia-Naval furono divisi tra diversi reparti ed inviati a coprire ritirate di unità di fanteria, che ripiegavano a Bilbao. Il 3 giugno, alcuni Trubia-Naval parteciparono all'assalto contro Peña Lemona, riuscendo a riconquistare l'altura, pagando però con il ferimento di 5 membri degli equipaggi; il 17 i carri erano di nuovo in azione per coprire una ritirata. Quando il giorno dopo fu ordinata la ritirata generale da Bilbao, i carri armati Trubia-Naval difesero il centro città, mentre la località veniva evacuata. All'arrivo dei Nazionalisti, il 19 giugno, la Compagnia Trubia-Naval riuscì a defilarsi e si ritirò verso Santander. All'inizio di luglio, tutti i Trubia-Naval disponibili furono inviati a Laredo, quartier generale del Reggimento Carri Armati dell'Esercito del Nord e, entro il 6 agosto, i Trubia-Naval furono incorporati nell'Esercito Repubblicano, poiché la regione basca era caduta. In tutto, un solo Trubia-Naval era andato perso da marzo nell'intera campagna di Biscaglia. Il 10 agosto i carri Trubia-Naval furono suddivisi su due sezioni, una inviata a coprire la strada di Reinosa e l'altra a Olea, per difendersi dall'avanzata Nazionalista su Santander. Non si conoscono molti dettagli sull'impiego dei carri a Santander, ma si può presumere che siano stati nuovamente utilizzati per coprire la ritirata. Il 14, un numero imprecisato di Trubia-Naval e Renault FT furono inviati al passo dell'Escudo a sostegno di una sezione di BA-6 e FAI, consentendo la ritirata dei veicoli sovietici. Alcuni sarebbero stati usati due giorni dopo a Reinosa. Il 26 agosto i difensori di Santander si arresero alle forze italiane del C.T.V. e 4 carri Trubia-Naval furono catturati; presumibilmente, un carro fu trattenuto con l'intenzione di inviarlo in Italia per studiarlo, anche se non è possibile confermare se ciò sia effettivamente accaduto.

Dopo la cattura di Santander e il crollo dell'Esercito Repubblicano del Nord, i Nazionalisti indirizzarono i propri sforzi su Gijón, dove le forze corazzate repubblicane consistevano in un Battaglione di Renault FT, un Battaglione di Trubia-Naval e alcune autoblindo. A causa della feroce resistenza dei miliziani Repubblicani, l'avanzata nazionalista fu lenta e, per il terreno disagevole, l'impiego dei carri armati fu limitato, anche se il 20 ottobre un Trubia-Naval ed un Renault FT furono catturati a Infiesto, sulla ferrovia Oviedo-Santander. Con la caduta di Gijón (21 ottobre), cessò la cosiddetta "Guerra del Nord" ed i mezzi corazzati sopravvissuti finirono in mano Nazionalista.

I reparti corazzati repubblicani videro però una maggiore espansione dopo la fornitura di mezzi corazzati da parte dell'Unione Sovietica, che iniziarono nel settembre 1936 e terminarono all'inizio del 1938. Infatti, Stalin vide, nella guerra civile spagnola, l'opportunità di creare, al confine con la Francia, uno stato comunista fedele a Mosca e di conseguenza autorizzò l'invio di armamenti e di mezzi corazzati. In totale l'U.R.S.S. mandò in Spagna circa 60 autoblindo BA-6, circa 400 autoblindo BA-10, 281 carri armati T-26B e più di 50 carri veloci BT-5. Insieme ai mezzi blindati furono inviati anche specialisti carristi, con la funzione di istruttori, ma, a causa della mancanza di esperienza dei repubblicani, in un primo momento gli equipaggi dei carri mandati in combattimento furono formati da capocarro e conducente sovietici e cannonieri spagnoli. Fu necessario un periodo di addestramento per fare sì che gradualmente gli equipaggi dei carri repubblicani fossero formati quasi esclusivamente da personale spagnolo, a partire dalla fine del 1937.

Poco dopo l'arrivo dei primi cari armati russi in Spagna, ad Archena, fu organizzato il 1° Battaglione Carri, su tre Compagnie di 3 Plotoni, ciascuno con 3 carri armati; a novembre del 1936 fu organizzato il 2° Battaglione ed entro dicembre fu costituita la 1ª Brigata Corazzata, con tre Battaglioni di carri armati T-26B (per un totale di 96 carri armati). Nella primavera del 1937 la Brigata arrivò a contare 4 Battaglioni di carri armati e una Compagnia Esplorante con autoblindo BA-6; nello stesso periodo fu costituita anche la 2ª Brigata Corazzata, con composizione simile.

Nel giugno 1937 risultavano operativi anche 4 Battaglioni Carri indipendenti, dotati di T-26B, assegnati a ciascuna Armata, con lo scopo di fornire supporto corazzato ai reparti di fanteria, e 3 Battaglioni Autoblindo (ognuno su 3 Compagnie di 10 veicoli ciascuna), raggruppati nel cosiddetto Reggimento Autoblindo (a volte indicato anche come Brigata Autoblindo).

Nel settembre 1937 fu formato un Reggimento Carri Pesanti, equipaggiato con 48 BT-5, organizzato su 3 Battaglioni di 2 Compagnie, con 2 Plotoni ciascuna.

Nell'ottobre del 1937 venne formata la Divisione Corazzata (indicata anche come Divisione del Genio Corazzato), costituita da 2 Brigate Corazzate (T-26B), il Reggimento Carri Pesanti (BT-5), 1 Brigata di Fanteria ed 1 Compagnia d'Artiglieria.

Comandante delle forze corazzate Repubblicane fu il Colonnello Sanchez Perales, che nel 1938 mise in atto una riorganizzazione delle unità corazzate. Le forze armate repubblicane, infatti, si trovarono divise in due e nell'aprile 1938 furono così create la 1ª Divisione Corazzata, assegnata al Gruppo d'Armate Est, e la 2ª Divisione Corazzata, assegnata al Gruppo degli Eserciti del Centro. Il Regimiento de Carros Pesados BT-5 rimase in carico alla 2ª Divisione Corazzata[2].

▲ Un carro armato FIAT 3000, che prestava servizio presso la Escuela Central de Tiro di Madrid. Il carro, che era stato acquisito nel 1924 per prove valutative, prese parte alle prime azioni dei Repubblicani a Madrid, ma non si sa quel fu il suo destino nel corso del conflitto (Juan Antonio Luceno)

---

2 Consultando diverse fonti, vi è molta confusione circa le unità corazzate repubblicane di fine guerra. Le due Divisioni formate nel 1938, ad esempio, sono spesso indicate come Brigate. Furono inoltre creati numerosi Gruppi e Plotoni corazzati di piccole dimensioni aggregati ai deversi Eserciti in cui il fronte repubblicano era suddiviso: per seguire puntualmente l'evoluzione organizzativa e le operazioni compiute da queste unità servirebbe un'intera monografia, per cui si è deciso di tratteggiare in questa sede solo le linee principali, esulando dallo scopo di questo testo l'approfondimento dettagliato dell'argomento.

▲ Lo stesso carro sulla copertina della rivista repubblicana "Estampa" del 1° maggio 1937, in una immagine che si riferisce però, probabilmente, ad una esercitazione tenuta prima della guerra.

▲ Un carro armato sovietico BT-5: i carri armati di origine sovietica adottavano, come unico segno identificativo, un numero di riconoscimento, dipinto in bianco.

▼ Un BT-5 sopravvissuto alla Guerra Civile spagnola, fotografato negli anni '70 del secolo scorso.

▲ In questa immagine purtroppo di cattiva qualità veiamo un carro armato Renault FT-17 del Regimiento de Carros n.1 mentre viene scaricato da un autocarro per essere impiegato in azione nella zona di Guadarrama il 27 luglio 1936.

▼ Un Carro Schneider CA1 per la calle Santa Fe nell'Alcazar di Toledo, il 20 o il 21 settembre del1936 (Agencia EFE).

▲ Lo stesso carro della fotografia precedente rimase bloccato da un guasto meccanico, come racconta Luis Quintanilla nel suo libro "Gli ostaggi dell'Alcázar di Toledo": *"Il mostro di metallo continuò l'inseguimento attraverso lo stretto vicolo che porta ad una delle porte del Gobierno Militar, e, quando stava quasi per raggiungerlo, il suo vecchio motore andò in pezzi, rimanendo lì inutilizzabile fino alla fine dell'assedio".*

▲ Su questo Schneider CA-1 sono state scritte a mano numerose frasi inneggianti i diversi movimenti che componevano il fronte Repubblicano.

▼ I carri armati veloci sovietici BT-5 furono i carri armati moderni più pesanti che parteciparono al conflitto spagnolo. In questa foto, un BT-5 repubblicano in movimento veloce su una strada iberica.

▲ Autoblindo repubblicane nei pressi di Oviedo nel 1937.

▼ Un'autoblindo pesante repubblicana BA-6 abbandonata nel centro della città di Santander dopo l'occupazione dei franchisti.

▲ Al termine degli scontri a Santander, i Nazionalisti inviarono i mezzi corazzati catturati via ferrovia ad alcune industrie metalmeccaniche, affinché venissero rimessi in condizioni di combattere. Nella foto si riconoscono Un Renault FT-17, almeno un carro armato Trubia ed un'autoblinda BA-6.

▼ Un T-26 modello 1933 messo fuori combattimento durante la Battaglia di Teruel, in una fotografia scattata nel dicembre 1937.

▲ Carri sovietici t-26 in movimento tra la neve durante la Battaglia di Teruel (dicembre 1937 – febbraio 1938).

▼ Truppe nazionaliste a Teruel avanzano verso l'arena della Corrida, lasciandosi alle spalle carri armati repubblicani abbandonati.

▲ Un carro repubblicano catturato dai nazionalisti sul fronte dell'Aragona.

▼ Autocarri blindati artigianalmente (detti "tiznaos") repubblicani sul fronte dell'Aragona.

▲ Un'autoblinda repubblicana UNL-35 in Aragona: questo mezzo, di produzione locale, fu uno dei migliori prodotti dell'industria bellica iberica.

▼ Un vecchio Renault FT-17 in postazione nel parco di una cittadina spagnola, mimetizzato con alcune frasche.

▲ Anche quest'unico esemplare di autoblinda di origine portoghese prese parte alla Guerra Civile spagnola con i Repubblicani.

▼ Il celebre scrittore americano Hernest Hemingway intervista l'equipaggio di un carro armato repubblicano. Hemingway, che partecipò al conflitto come corrispondente di guerra, nelle file dell'esercito Repubblicano, basò il suo romanzo "Per chi suona la campana" sulla sua esperienza personale maturata in Spagna nel corso della Guerra Civile.

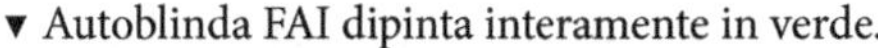

▲ Legionari italiani del Corpo Truppe Volontarie sorpassano un carro armato repubblicano abbandonato.

▼ Autoblinda FAI dipinta interamente in verde.

▲ Un militare tedesco ispeziona l'interno di un carro FT-17 repubblicano messo fuori combattimento.

▼ L'apporto dato dai carri sovietici BT-5 alla causa repubblicana fu purtroppo limitato dalla scarsa capacità al combattimento tra mezzi corazzati, dovuta all'inesperienza, dimostrata dai militari Repubblicani (Tallillo).

▲ Un gruppo di ragazzi e bambini osserva con curiosità un T-26.

▲ Un militare russo studia gli effetti del fuoco nemico su questo FT-17 messo fuori combattimento.

▼ Una BA-6 dell'Esercito Popolare Repubblicano. Questa autoblinda sovietica servì di modello per basarsi nella costruzione dell'AAC-1937, realizzata in Spagna da opifici locali.

▲ L'esausto equipaggio di un T-26 fotografato a bordo del proprio carro, insieme ad altri militari repubblicani (Tallillo).

▲ Con il passare del tempo i segni tattici sui carri Repubblicani divennero più articolati, anche se non è ben chiara la simbologia adottata (Tallillo).

▼ Un carro armato Repubblicano, che era stato inviato di rinforzo alle truppe schierate a Brunete, rimasto sul campo di battaglia al termine degli scontri (Tallillo).

▲ Una BA-6 arriva a Madrid per contribuire alla difesa della città nel novembre 1936.

▲ Nonostante il BT-5 fosse il veicolo tecnologicamente più avanzato e moderno utilizzato nella Guerra Civile spagnola, il suo scarso utilizzo tattico, come dimostrato a Fuentes del Ebro, segnò il suo destino (Tallillo).

▼ Un trattore KhPZ Komintern di fabbricazione sovietica, catturato dai nazionalisti durante la battaglia di Brunete (Tallillo).

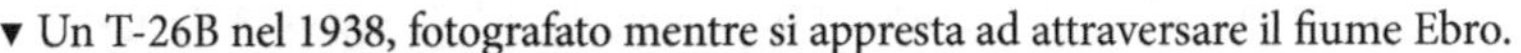

▲ Ufficiale carrista Repubblicano fotografato davanti al suo carro armato.

▼ Un T-26B nel 1938, fotografato mentre si appresta ad attraversare il fiume Ebro.

▲ Reparti spagnoli repubblicani in fuga raggiungono la frontiera francese a Le Perthus, con i propri mezzi corazzati.

▼ Nonostante l'utilizzo tattico errato e le numerose perdite subite sin dal suo primo impiego, il T-26 si dimostrò superiore a qualsiasi altro carro impiegato in battaglia.

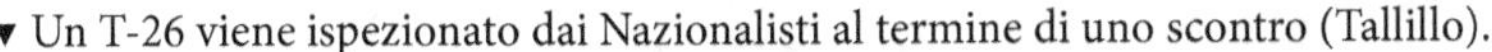

▲ Un carro armato Renault FT-17 fotografato in Plaza de Neptuno a Madrid.

▼ Un T-26 viene ispezionato dai Nazionalisti al termine di uno scontro (Tallillo).

▲ Molti T-26 catturati ancora funzionanti furono impiegati da reparti spagnoli Nazionalisti, come quello ritratto in questa fotografia.

▼ Per gli spostamenti su lunga distanza i carri armati Repubblicani venivano trasportati su appositi rimorchi autotrainabili.

▲ Nel 1938 nella città di San Sebastian si tenne una vasta mostra di armi catturate dai Nazionalisti ai "Rossi" durante la Guerra Civile. Tra di essi vi era questo Renault FT-17 di provenienza probabilmente polacca.

▼ La replica di un'autoblinda BA-6 russa conservata in Spagna presso il Museo della Battaglia dell'Ebro a Fayon.

▲ Uniforme di un ufficiale carrista sovietico in Spagna.

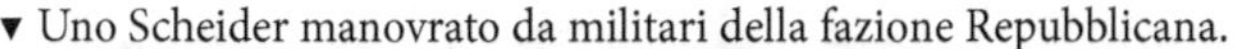

▲ Un carro pesante Schneider a Madrid, nei pressi del Palazzo Reale.

▼ Uno Scheider manovrato da militari della fazione Repubblicana.

▲ Una colonna di rifornimenti repubblicana, scortata da un T-26 si avvicina alla città di Brunete nel luglio 1937.

▼ Un carro armato repubblicano T-26 modello 1933 con volontari dell'XI Brigata Internazionale durante la battaglia di Belchite nel 1937.

▲ Un ufficiale Franchista posa vicino ad un carro pesante russo, preso ai Repubblicani, sul quale è stata scritta l'eloquente frase: "Catturato ai rossi nel settore di Flentes".

▼ Su questo carro Renault Repubblicano si nota il sistema di identificazione numerica di colore bianco.

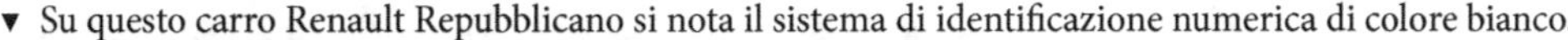

BIBLIOGRAFIA

LIBRI

- Albert P.C. , "Carros De Combats Y Véhiculas Blindados de la Guerra 1936-1939", Borras Ediciones, 1980.

- Ales Stefano, Viotti Andrea, "Le uniformi e i distintivi del Corpo Truppe Volontarie Italiane in Spagna 1936-1939", U.S.S.M.E., Roma, 2004.

- AA.VV., "Storia dei mezzi corazzati", Fratelli Fabbri Editore, Milano, 1976.

- Barlozzetti Ugo, Pirella Alberto, "Mezzi dell'Esercito Italiano 1935 – 1945", Editoriale Olimpia, Firenze, 1986.

- Benvenuti, Colonna "Fronte Terra – Carri Armati Vol. 2/I" – Edizioni Bizzarri.

- Benvenuti, Colonna "Fronte Terra – Carri Armati Vol. 2/II" – Edizioni Bizzarri.

- Barlozzetti Ugo, Pirella Alberto, "Mezzi dell'Esercito Italiano 1935 – 1945", Editoriale Olimpia, Firenze 1986.

- Battistelli Pier Paolo, Cappellano Filippo, "Italian Light Tanks 1919 – 45", "New Vanguard" n° 191, Osprey Publishing, Oxford (U.K.), 2012.

- Gianni Bianchi, Del Giudice Davide, "Hombre sin medo - Uomo senza paura", Associazione Culturale Sarasota, Massa, 2011.

- Capodarca Valido, "Immagini ed evoluzione del Corpo Automobilistico", volume I (18989 – 1939), Comando Trasporti e Materiali dell'Esercito, Roma, 1994.

- Cappellano Filippo, Pignato Nicola, "Gli autoveicoli da combattimento dell'Esercito Italiano", volume I, S.M.E. – Ufficio Storico, Roma, 2002.

- Ceva Lucio, Curami Andrea, "La meccanizzazione dell'Esercito fino al 1943", U.S.S.M.E., Roma, 1989.

- Chiappa Ernestino, "C.T.V. – Il Corpo Truppe Volontarie italiano durante la Guerra Civile Spagnola 1936 – 1939", E.M.I., Milano 2003.

- Crippa Paolo, "Carristi italiani in Spagna 1936 – 1939", Mattioli 1885, 2022.

- Falessi Cesare, Pafi Benedetto, "Veicoli da combattimento dell'Esercito Italiano dal 1939 al 1945", Intryama, Bologna, 1976.

- John F. Coverdale, "I fascisti italiani alla guerra di Spagna", Laterza, Roma - Bari, 1977.

- Mortera Perez Artemio, "Los medios blindados en la guerra civil española: Teatro de operaciones del Norte 36/37", AF Editores, Valladolid (E), 2007.

- Mortera Perez Artemio, "Los medios blindados en la guerra civil española: Teatro de operaciones de Andalucía y Centro 36/39", AF Editores, Valladolid (E), 2010.

- Mortera Perez Artemio, "Los medios blindados en la guerra civil española: Teatro de operaciones de Levante, Aragón y Cataluña 36/39", 1° volume, AF Editores, Valladolid (E), 2013.

- Mortera Perez Artemio, "Los medios blindados en la guerra civil española: Teatro de operaciones de Levante, Aragón y Cataluña 36/39", 2° volume, AF Editores, Valladolid (E), 2013.

- Parri Maurizio, "Tracce di cingolo", Associazione Nazionale Carristi d'Italia – Sezione di Verona, Verona, 2106.

- Petacco Arrigo, "Viva la muerte! Mito e realtà della guerra civile spagnola 1936-1939", Arnoldo Mondadori Editore, Milano, 2006.

- Pignato Nicola, "Dalla Libia al Libano", Editrice Scorpione, Taranto, 1989.

- Pignato Nicola, "Motori!!! Le truppe corazzate italiane 1919 – 1994", GMT, Trento, 1995.

- Pignato Nicola, "Un secolo di autoblindate in Italia", Mattioli 1885, Fidenza (PR), 2009.

- Puddu Mario, "Carristi d'Italia in terra di Spagna", Tipografia Artistica Nardini, Roma, 1965.

- Quintanilla Luis, "Los rehenes del Alcázar de Toledo", Ediciones Espuela de Plata, Spagna, 2015.

- Riccio Ralph, Pignato Nicola, "Italian Truck-Mounted Artillery in action", Squadron Signal Publications, Carrolton (U.S.A.), 2010.

- Rovighi Alberto, Stefani Filippo "La partecipazione italiana alla guerra civile spagnola (1936 – 1939)", Ufficio Storico Stato Maggiore dell'Esercito, Roma, 1992.

- Tallillo Antonio, Tallillo Andrea, Guglielmi Daniele "Carro L3 – Carri veloci, carri leggeri, derivati", G.M.T., Trento, 2004.

- Tallillo Antonio, Tallillo Andrea, Guglielmi Daniele, "Carro FIAT 3000 – Sviluppo, tecnica, impieghi", G.M.T., Trento, 2018.

- Tavoletti Francesco, "Gli scudetti da braccio italiani 1930 – 1946", Edizioni FT, Milano, 2000.

- Zaloga Steven, "Spanish Civil War Tanks – The proving ground for Blitzkrieg", Osprey Publishing, Oxford (U.K.), 2010.

ARTICOLI

- AA.VV., "Estampa" n° 484, anno X, Madrid, 1° maggio 1937,

- AA.VV., "Italiani in Spagna" in "Prospettive" n° 6, 2ª edizione, Edizioni di Prospettive, Roma, 1938.

- Cattarossi Emanuele, "Carristi italiani in Spagna – L'occasione mancata" in "Quaderni" n°1/2004, Società di Cultura e Storia Militare.

- Ceva Lucio, "Ripensare Guadalajara" in "Rivista Storica Italiana", Fascicolo II, 1992.

- Dominique Renaud, "Carro de combate ligero Verdeja n°1", in "TNT" n° 43, maggio – giugno 2014.

- Yann Mahé , "No Pasaràn, une guerre mécanisée improvisée", in "Batailles et Blindés" n° 36, aprile – maggio 2010.

- Laurente Tirone "Mad Max en Espagne! Les matérieles du camp républicaine", in "TNT" n° 39, settembre – ottobre 2013.

- Manrique J.M., "Algo más sobre los "carros italianos" en la Guerra de España (36 – 39)" -1ª parte in "Historia Militar", Maggio 2000.

- Manrique J.M., "Algo más sobre los "carros italianos" en la Guerra de España (36 – 39)" -2ª parte in "Historia Militar", Luglio 2000.

- Manrique J.M., "Algo más sobre los "carros italianos" en la Guerra de España (36 – 39)" - 3ªparte in "Historia Militar", Settembre 2000.

- Montanari Mario, "L'impegno italiano nella guerra di Spagna" in "Memorie storico – militari", U.S.S.M.E., Roma, 1980.

- Tocci Patrizio, "Le autoblindo Lancia 1ZM" - 3ª parte in "Storia Militare" n° 69, Luglio 1999.

- Tomasoni Matteo, Grassia Edoardo, De Renis Alice, Bottoni Gaia, "Agredir Para Vencer – L'inno della Divisione Mista Frecce – Un documento inedito della Guerra Civile Spagnola" in "Diacronie - Studi di Storia Contemporanea" n° 12/4 – 2012.

ALTRI DOCUMENTI

- Colonnello Babini Valerio, "Relazione sulle operazioni da Rudila (9 marzo) a Tortosa (19 aprile 1938", Raggruppamento Carristi – Comando.

Ringraziamenti

La pubblicazione di questa mia prima opera di ricerca si è resa possibile grazie a due persone, che hanno creduto in me ed alle mie modeste capacità letterarie. Si tratta di Luca Cristini di Soldiershop – Luca Cristini Editore, che mi ha dato questa possibilità, e di Paolo Crippa, direttore della collana "Witness To War", che mi ha introdotto nel mondo dell'editoria militare, dandomi preziose informazioni e spunti, utili ad impostare, iniziare e terminare la stesura di questo primo libro, che sarà sicuramente affetto da tanti difetti, dovuti all'inesperienza. Devo poi ringraziarlo per avere concesso l'uso di fotografie del suo archivio e di alcune tavole estrapolata del suo libro "Carristi italiani in Spagna 1936 – 1939", che mi è anche servito come base per la stesura del capitolo inerente alle unità militari carriste italiane, impiegate durante la Guerra Civile nella penisola iberica.
Il mio ringraziamento va anche ad Antonio Tallillo, valente autore di numerose monografie sui carri armati italiani, che mi ha gentilmente fornito numerose immagini che appaiono in questo volume.
Infine, mi scuso preventivamente per qualunque errore, omissione, imprecisione, dovuti in modo particolare alla poca dimestichezza che ho nello scrivere per dei lettori, trattandosi del mio primo lavoro editoriale.

L'autore

TITOLI GIÀ PUBBLICATI - TITLES ALREADY PUBLISHING

BOOKS TO COLLECT